CAMILLE PISSARRO

El patriarca del impresionismo

Por Thibaut Wauthion
En colaboración con Stéphanie Reynders
Traducido por Laura Soler Pinson

Arte y literatura 50MINUTOS.es

CULTÍVATE
Y NO DEJES DE CRECER

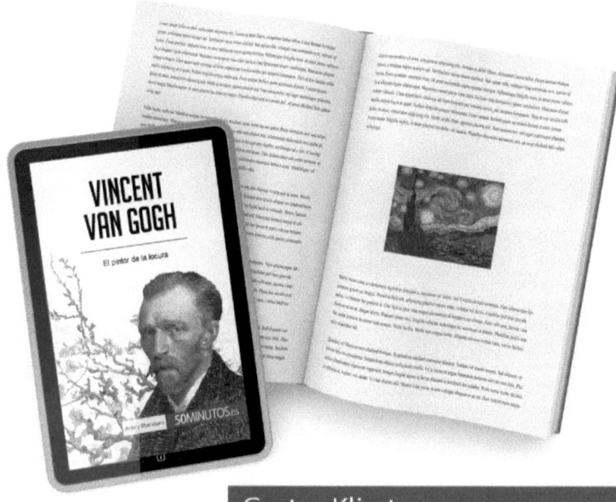

Gustav Klimt

Fernando de Goya

Agatha Christie

El romanticismo

www.50minutos.es

CAMILLE PISSARRO

- **¿Nacimiento?** Nacido el 10 de julio de 1830 en Santo Tomás (Antillas danesas).
- **¿Muerte?** Fallecido el 13 de noviembre de 1903 en París (Francia).
- **¿Contexto?** La segunda mitad del siglo XIX y el nacimiento del arte moderno gracias al impresionismo.
- **¿Obras principales?**
  - *Entrada del pueblo de Voisins* (1872)
  - *Autorretrato* (1873)
  - *La cosecha, Pontoise* (1880)
  - *Cosecha de manzanas* (1888)
  - *Boulevard Montmartre, primavera* (1897)
  - *El antepuerto de Havre por la mañana* (1903)

Camille Pissarro, figura artística clave de finales del siglo XIX, es uno de los principales instigadores del impresionismo, no solo por su estilo, sino también por su devoción a este grupo de artistas. La corriente impresionista representa una ruptura radical con respecto a las normas del arte oficial, que recibe todos los honores en el Salón de París. Los impresionistas, que casi siempre son apartados de este acontecimiento, organizan sus propias exposiciones y, de esta manera, crean el arte moderno. Sus inicios son difíciles, pero a partir de los años 1890 alcanzan la gloria, sobre todo por mediación del comerciante Paul Durand-Ruel (1831-1922), a quien Camille Pissarro debe muchas de sus exposiciones, al igual que la difusión de sus obras en toda Europa e, incluso, en Nueva York.

El pintor, nacido en 1830 en las Antillas, no llega a Francia hasta sus 25 años. Allí cae en seguida bajo el influjo de Gustave Courbet (1819-1877) y, más adelante, bajo el de Jean-Baptiste Camille Corot (1796-1875), y a partir de ese momento adopta la pintura al aire libre. A continuación, su estilo evoluciona junto a Alfred Sisley (1839-1899), Claude Monet (1840-1926) y Auguste Renoir (1841-1919). Entonces, Camille Pissarro pinta con pequeños trazos y explota al máximo el potencial de la luz. Su inspiración la encuentra en los campos que rodean cada uno de los lugares en los que vive —se muda muchas veces durante toda su vida—. Sin embargo, aunque durante la mayor parte de su carrera privilegia los paisajes rurales, al final de su vida aparca este género para representar la ciudad a través de series, sobre todo París, Dieppe, Ruan y Le Havre.

CONTEXTO

UN SIGLO DE CAMBIOS PROFUNDOS

En Francia, el siglo XIX es un periodo de profundas transformaciones en todos los ámbitos. Los regímenes políticos se suceden unos tras otros, del Imperio (1804-1814) de Napoleón Bonaparte (1769-1821) a la restauración de la monarquía (1815-1848) a manos de Luis XVIII (1755-1824) hasta la proclamación de la Segunda República (1848-1851), que a su vez deja paso al Segundo Imperio (1852-1870), dirigido por Luis Napoleón Bonaparte (1808-1873). En 1870, la guerra franco-prusiana y el episodio revolucionario de la Comuna marcan la llegada de la Tercera República, que se mantendrá hasta 1940.

Pero también es la época de la modernización de la sociedad, con el impulso de la Revolución Industrial surgida en Inglaterra, y Francia adquiere un nuevo semblante. La producción industrial sustituye la producción artesanal y agraria, con su multitud de progresos técnicos, pero también con sus consecuencias económicas y sociales. Los paisajes urbanos se modifican por completo, como París, donde el prefecto Georges Eugène Haussmann (1809-1891), amparado por Luis Napoleón Bonaparte, lleva a cabo grandes obras. Las calles estrechas y oscuras dejan sitio a amplias avenidas, los monumentos se revisten con un encaje de hierro característico de la época y los barrios bajos de la ciudad se ven relegados a la periferia de la misma.

A partir de la segunda mitad del siglo, el mundo del arte, que hasta entonces estaba regido por la Academia, una institución del Estado que forma a los artistas y decide el estilo que debe adoptarse, también se encuentra en pleno proceso de cambio. El éxito del romanticismo y del neoclasicismo se estanca poco a poco y deja paso a una generación de artistas que desea abordar nuevos temas con nuevas técnicas. París, que se ha convertido en un importante centro artístico, está en plena ebullición.

El neoclasicismo y el romanticismo

El neoclasicismo es un movimiento cultural y artístico que saca sus temas de la

Antigüedad y de la mitología grecorromana. Los artistas neoclásicos, cuyo jefe de filas es Jean-Auguste-Dominique Ingres (1780-1867), predican un ideal de belleza para el que se inspiran en la escultura antigua y se basan en la simetría y en el dibujo. El romanticismo, liderado por el pintor Eugène Delacroix (1798-1863) y que se opone a esta devoción por el equilibrio y la racionalidad, elogia el desorden y la pasión, y se inspira sobre todo en la Edad Media. Así, las líneas rectas y simétricas del neoclasicismo dejan sitio a la tensión de las curvas y a la complejidad de los motivos.

LOS INICIOS DEL ARTE MODERNO

En esa época, cualquier artista que desee obtener reconocimiento en algún momento y vender sus obras debe ser aceptado en el Salón, la exposición oficial de la Academia que, por norma general, se organiza cada dos años en París. Pero allí solo se presentan las obras que respetan las normas en vigor, las del arte académico encarnado por el neoclasicismo y por el romanticismo. Se privilegia la composición a través del dibujo, la idealización de los modelos y los temas históricos, bíblicos o mitológicos. Cada año, el jurado del Salón rechaza un número cada vez mayor de artistas que se alejan de estos códigos.

A partir de los años 1850, Gustave Courbet choca a los partidarios del arte oficial al pintar el ambiente popular en un lienzo con un realismo sobrecogedor, *Un entierro en Ornans* (1850). Entonces, su anticonformismo desacredita el academicismo e influye a toda una generación de artistas, entre los que se encuentra Édouard Manet (1832-1883). Unos diez años más tarde, este genera un escándalo a su vez con *Almuerzo sobre la hierba* (1863), que representa la sociedad moderna de una manera crítica y con un estilo que privilegia los fondos lisos sin profundidad y los contrastes de color. Sus obras están en primer plano en el Salón de los Rechazados, que nace en 1863 a iniciativa de Napoleón III tras una cifra récord de artistas excluidos del Salón. Esta exposición, que en seguida conoce un éxito mayor que el Salón oficial, consagra la ruptura entre el academicismo y la modernidad.

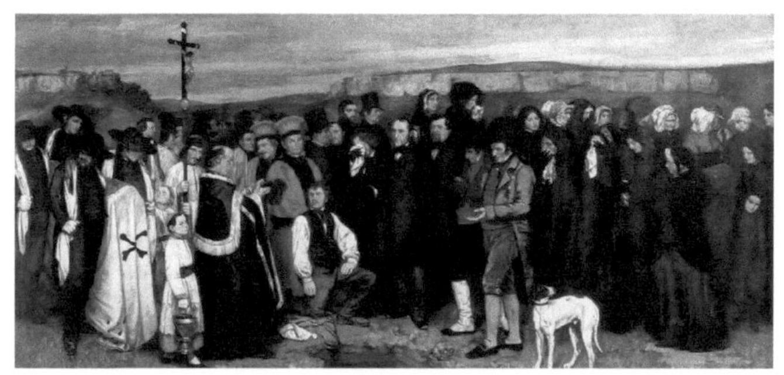

Courbet, Gustave, *Un entierro en Ornans*, 1849-1850, óleo sobre lienzo, 315 x 668 cm, París, Museo de Orsay.

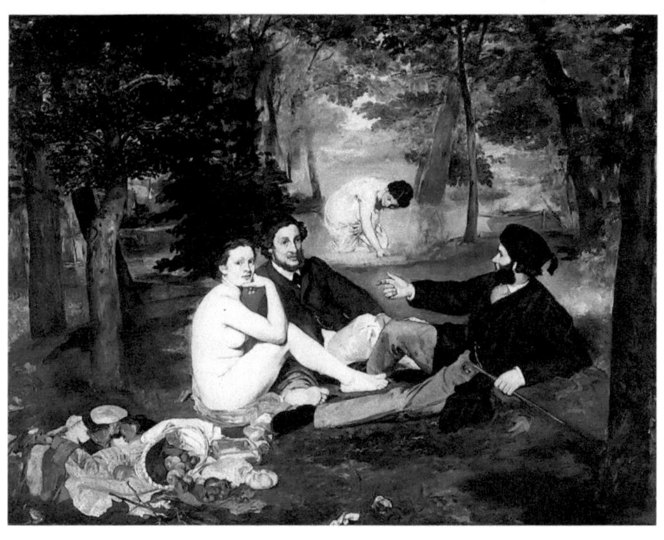

Manet, Édouard, *Almuerzo sobre la hierba*,

1863, óleo sobre lienzo, 207 x 265 cm, Museo de Orsay.

En el barrio de Batignolles, en París, varios artistas se reúnen en torno a Manet, considerado un precursor. Entre ellos, se encuentran Alfred Sisley, Claude Monet, Auguste Renoir, Frédéric Bazille (1841-1870), Berthe Morisot (1841-1895) y, ocasionalmente, Camille Pissarro y Edgar Degas (1834-1917). De 1869 a 1875, sus reuniones informales son oportunidades para intercambiar sus ideas sobre pintura y también se encuentran en la raíz del impresionismo.

EL IMPRESIONISMO O EL ARTE DE LO INSTANTÁNEO

Con el objetivo de proponer una alternativa al Salón, el grupo de Batignolles crea el 17 de enero de 1874 la Sociedad Anónima Cooperativa de artistas, pintores, escultores y grabadores. Su primera exposición se celebra el 15 de abril en el antiguo taller del fotógrafo Nadar (1820-1910). Claude Monet expone allí su famoso lienzo titulado *Impresión, Sol naciente* (1872), que provoca una burla del crítico de arte Louis Leroy (1812-1885). Este, que considera que no se trata más que de una pintura borrosa mal ejecutada, escoge para su artículo el título de «Exhibición impresionista», que da nombre al movimiento.

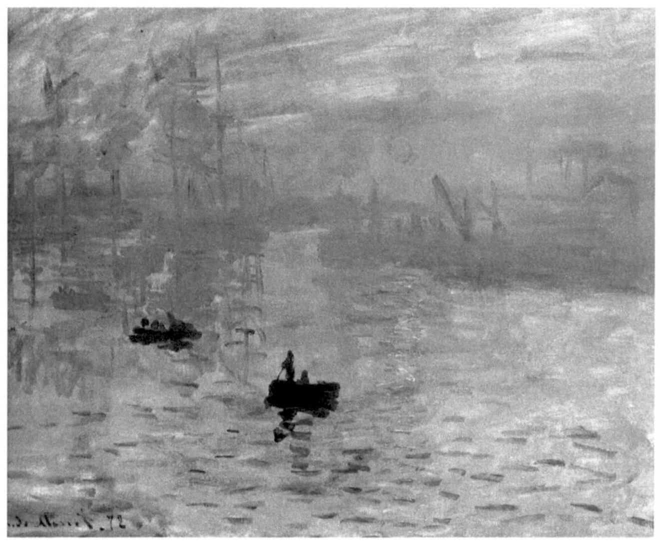

| Monet, Claude, *Impresión, Sol naciente*, 1872-1873, óleo sobre lienzo, 48 x 63 cm, París, Museo Marmottan Monet.

Son Monet, Degas y Pissarro quienes se encargan fundamentalmente de la organización de este acontecimiento. Han entendido que su única posibilidad de obtener reconocimiento es dando que hablar para atraer a la crítica. Pero resulta ser un doloroso fracaso que repercute inevitablemente en Durand-Ruel, que se ve obligado a dejar de comprar durante varios años. Tan solo Émile Zola (1840-1902) y algunos críticos apoyan a los impresionistas. A continuación, otras siete exposiciones ven la luz hasta 1886 y Camille Pissarro participa en todas ellas. Las últimas alcanzan un éxito importante, sobre todo en Estados Unidos. No obstante, surgen diferencias dentro del grupo a partir de la cuarta exposición, en 1879: Auguste Renoir, Alfred Sisley y Berthe Morisot prefieren volver a probar suerte en el Salón, mientras que Monet se queda únicamente para no ser catalogado como desertor.

En términos generales, el impresionismo reacciona al arte académico explotando los inventos del siglo XIX. Para empezar, los artistas abandonan el dibujo en provecho del color: ya no pintan según las formas, sino según los tonos que tienen ante sus ojos. Gracias a la invención de los tubos de colores y a su comercialización a partir de 1859, pueden salir de sus talleres y pintar al aire libre, de forma plenairista, y su tema predilecto serán esencialmente los paisajes. A partir de ese momento, sus lienzos ponen de relieve lo instantáneo y, para ello, se inspiran en la fotografía, inventada por Nicéphore Niépce (1765-1833) en 1826. Sin embargo, dado que esta se reserva el monopolio de la representación objetiva de la realidad, los impresionistas dejan a un lado la fidelidad de lo real para concentrarse en el color y en el movimiento. Además, también se fijan en la luz, que se convierte en una cuestión estudiada con exhaustividad. Los artistas del grupo buscan captar sus múltiples reflejos gracias a pequeños trazos rápidos. Algunos, entre los que se encuentra Monet, pintan incansables el mismo tema según la posición del sol para captar las variaciones de luz.

LA PINTURA AL AIRE LIBRE

Los impresionistas no son los primeros que salen de sus talleres. Hacia mediados del siglo XIX, un grupo de pintores paisajistas conocidos con el nombre de la Escuela de Barbizon se reúne en los alrededores del municipio del mismo nombre para trabajar al aire libre. Se inspiran del artista británico John Constable (1776-1837) y predican la representación de la naturaleza. Este grupo está conformado sobre todo por Camille

Corot, Jean-François Millet (1814-1875), Théodore Rousseau (1812-1867) y Charles-François Daubigny (1817-1878).

BIOGRAFÍA

DE LAS ANTILLAS A PARÍS

Camille Pissarro nace el 10 de julio de 1830 en las Antillas, más en concreto en la isla de Santo Tomás, que en aquel entonces pertenece a Dinamarca, con el nombre de Jacob Pizarro, hijo de Rachel Pomié y de Abraham Pizarro, un judío de origen portugués que regenta un negocio de chatarra. Este ciudadano danés de nacimiento conservará esa nacionalidad durante toda su vida.

Con 12 años, Camille Pissarro es enviado a París para mejorar su educación. Ya en esta época, el director de la pensión en la que vive lo anima a mantener viva su pasión por el dibujo. Tras pasar cinco años en la capital francesa, vuelve junto a su familia y trabaja a regañadientes en el negocio de su padre.

En 1850, el joven artista conoce a un pintor danés, Fritz Melbye (1826-1869), que recorre el mundo para bosquejar paisajes exóticos. Este convence a Pissarro para que lo acompañe a Venezuela y, entonces, el pintor abandona su trabajo para sumergirse en lo desconocido. Hasta 1854, recorre el país con su cuaderno de dibujos en mano, en el que bosqueja muchos retratos, así como paisajes y mercados. Tras esta aventura, Camille Pissarro se instala en Francia, en Passy, en un apartamento que pertenece a su familia paterna. Tiene la oportunidad de visitar la Exposición Universal de 1855 y descubrir las obras de Camille Corot y de Gustave Courbet, entre otros.

LOS PRIMEROS PASOS EN EL SALÓN

De 1855 a 1866 gracias a una pensión que le pasa su padre, el pintor alquila distintos talleres en Montmartre. También acude a algunas clases privadas y a una academia de pintura, donde conoce a Édouard Manet. Los dos amigos pintan basándose en un modelo, pero Corot les aconseja que salgan de su taller y que pinten al aire libre.

En 1859, el Salón acepta su *Paisaje de Montmorency* (1859). Sus padres esperan que este principio de reconocimiento le permita ganarse la vida, pero tendrán que seguir pagándole una pensión hasta pasados los 40 años. Al año siguiente, Camille

Pissarro conoce a la que se convertirá en su mujer, Julie Vellay (1838-1926), la criada de la familia Pissarro, con la que tendrá ocho hijos, de los que tres morirán prematuramente. En esa misma época, conoce a Frédéric Bazille, a Auguste Renoir y a Alfred Sisley.

Durante los años 1860, Camille Pissarro intenta cada año participar en el Salón y muchas veces es aceptado hasta 1870. No obstante, sus obras apenas despiertan críticas positivas, cuando recibe alguna. En paralelo, el joven pintor busca desesperadamente comerciantes de arte con medios para comprar sus obras, que vende entonces a 40 francos, un importe ridículo.

LA AVENTURA IMPRESIONISTA

A partir de 1866, Pissarro se reúne con el grupo de Batignolles y, más adelante, a partir de 1869, alquila una casa en Louveciennes, cerca de Claude Monet, Alfred Sisley y Auguste Renoir, junto a los que representa los paisajes de alrededor (*La diligencia de Louveciennes*, 1870; *El camino a Louveciennes*, 1872, etc.) y a los que considera «compañeros de desgracias»[1] (Durand-Ruel 2012, 24). En efecto, los cuatro artistas viven momentos duros: «No hay pan, no hay fuego en la cocina, no hay luz en los últimos ocho días» (Cheyne s.f.), escribe Monet a Bazille. Este periodo es clave para la evolución estilística de Camille Pissarro.

Durante la guerra franco-prusiana de 1870, el pintor huye a Londres, donde conoce al que se convertirá en su principal comerciante y en el galerista más importante de los impresionistas: Paul Durand-Ruel. En 1872, las adquisiciones de este último por fin le permiten alcanzar la autonomía financiera: Pissarro le vende 22 cuadros por un importe de 5600 francos. Poco a poco, va ganando notoriedad y empiezan a surgir los encargos. En esta época, se instala en Pontoise, donde experimentará un periodo muy productivo (*Entrada del pueblo de Voisins*, 1872; *Cosecha de Montfoucault*, 1876; *La cosecha, Pontoise*, 1880, etc.). Además, allí se codea con Paul Cézanne (1839-1906), con Armand Guillaumin (1841-1927) y con Paul Gauguin (1848-1903).

---

1. Cita traducida por 50Minutos.es

Tras el fracaso de la primera exposición de los impresionistas, organizada en 1874, los años posteriores vuelven a ser más duros. Camille Pissarro, que evita por poco el embargo de sus bienes, busca desesperadamente compradores e incluso llega a proponer una de sus obras en una tómbola que organiza un pastelero. El colmo del asunto es que a la que le toca el gordo se lleva el cuadro a cambio de un pastel con nata. Aunque Paul Durand-Ruel vuelve a comprar varios lienzos a Camille Pissarro a principios de los años 1880, el pintor se ve obligado a irse de Pontoise en 1882. Entonces, se traslada a Osny, donde alquila una casa más modesta.

UN ÉXITO TARDÍO

En 1884, Durand-Ruel organiza la primera exposición personal del pintor, lo que permite que este último compre una amplia propiedad en Éragny, justo al lado de Giverny, donde reside Monet. Por otra parte, Pissarro conoce a Georges Seurat (1859-1891) y a Paul Signac (1863-1935) y, durante un tiempo, se orienta hacia el puntillismo, un movimiento que alarga el impresionismo y le aporta un soplo de aire fresco. No obstante, la evolución de su estilo provoca que Durand-Ruel acabe alejándose de él. Acuciado por las deudas, el artista se desprende entonces de su colección de arte que ha comprado con esfuerzo a lo largo de los años, pero poco después recibe el apoyo del comerciante Theo van Gogh (1857-1891), el hermano de Vincent van Gogh (1853-1890). En 1888, cinco años después de la primera exposición del pintor, Theo van Gogh celebra un nuevo evento que cosecha buenas críticas y permite la venta de cinco cuadros.

En 1892, tras la muerte de su protector, varios galeristas lo pretenden, pero él decide recuperar la relación con Durand-Ruel, que organiza una importante retrospectiva en la que reúne cerca de cien de sus pinturas. Las críticas lo elogian y las ventas son excelentes. A partir de ese momento, el comerciante de arte no deja de comprarle cuadros y de dedicarle exposiciones en París y en Nueva York. Los lienzos de Pissarro también se cuelan en todos los grandes eventos a lo largo y ancho de Europa.

El artista sigue pintando, a pesar de que su salud se va deteriorando poco a poco. En los años 1890, pinta distintas series que representan cada una un tema específico y, lo más a menudo, urbano (*El gran puente, Rouen*, 1896; *Boulevard Montmartre, primavera*, 1897; *El antepuerto de Havre por la mañana*, 1903, etc.), con motivo de sus viajes por distintas ciudades francesas y belgas. Estos cuadros le granjean un gran éxito del que desgraciadamente Pissarro no disfruta: cae enfermo repentinamente en octubre de 1903 y muere en París el 13 de noviembre del mismo año.

LA NUEVA IMPORTANCIA DE LOS COMERCIANTES DE ARTE

A partir de la Revolución francesa, el papel de los comerciantes de arte es fundamental para los artistas franceses que, hasta ese momento, respondían a encargos. Ahora, gracias a ellos, los pintores y los escultores encuentran una fuente de ingresos regular. Entre los comerciantes de la segunda mitad del siglo XIX, Paul Durand-Ruel destaca por sus numerosas adquisiciones que incluso lo llevan a endeudarse. También se ocupa de promocionar a sus artistas organizando exposiciones individuales a escala internacional, explotando la prensa al máximo y ofreciendo un acceso gratuito a su colección.

CARACTERÍSTICAS

DE LOS INICIOS ANTILLANOS AL IMPRESIONISMO

Camille Pissarro da sus primeros pasos artísticos en las Antillas y en Venezuela. Se conservan muchos estudios hechos a lápiz y unas veinte pinturas al óleo. A partir de este periodo, el artista se interesa por la población local, en particular por los campesinos, a los que representa en mitad de magníficos paisajes exóticos.

A su llegada a París, en 1855, primero imita el estilo de Gustave Courbet y pinta con trazos gruesos. Pero también se ve rápidamente influido por Camille Corot, que lo lleva a pintar sus paisajes de forma pleinairista, al aire libre. Además, sus pinceladas se vuelven progresivamente más precisas y la composición de sus lienzos evoluciona hacia un mayor equilibrio. Pissarro pinta la campiña francesa en todos los lugares donde vive: Louveciennes, Pontoise, Osny y Éragny.

Con la influencia del grupo de Batignolles y una

vez que se instala en Louveciennes, adopta la técnica impresionista, es decir, la fragmentación del trazo en pequeñas manchas de colores superpuestas, aunque todavía sigue pintando con grandes pastosidades algunos de sus motivos. El artista también busca plasmar en sus cuadros los efectos de luz y las variaciones de color según las estaciones o los momentos del día.

En Pontoise, Pissarro sale a buscar paisajes movidos por las oscilaciones del agua. Sus temas favoritos son las corrientes fluviales del Oise y del Sena. Tiende a representar las vibraciones acuáticas con ayuda de pequeñas manchas de color, mientras añade los reflejos de los árboles y de la luz. Pero también pinta motivos profundamente rurales: campos, campesinos, senderos flanqueados por árboles, rebaños de ovejas acompañadas por su pastor, algunas ricas viviendas de pueblo, etc.

¿SABÍAS QUE...?

Hacia 1880, convencido de que los grabados hechos con aguafuerte se venden fácilmente, Edgar Degas quiere lanzar una revista compuesta por estampas y, en particular, une a su causa a Pissarro, que entonces diversifica su producción artística elaborando estampas. Este proyecto jamás saldrá a la luz por falta de financiación, pero permite que Pissarro aprenda la base del aguafuerte. Retoma los mismos temas que para sus óleos.

FIGURAS HUMANAS Y PEQUEÑOS PUNTOS

A principios de los años 1880, el artista aparca los paisajes y se centra en los retratos. A partir de ese momento, la figura humana, que a menudo ya estaba presente en detalle en sus lienzos previos, se convierte en el tema principal de sus composiciones. Pero no se trata del único cambio en su producción: en ese momento, Pissarro también toma el camino que han iniciado los artistas neoimpresionistas Georges Seurat y Paul Signac, en la raíz del puntillismo.

Esta corriente, también llamada divisionismo, se inspira directamente del impresionismo tanto por los temas como por las técnicas. Se basa igualmente en una división sistemática del color a través de pequeños puntos, que se separan en el papel, pero se mezclan en el ojo humano: se trata del principio de la mezcla óptica. Este principio, que los impresionistas utilizan de manera bastante intuitiva, es llevado a su punto álgido por los artistas puntillistas, que descomponen el trazo en dos colores complementarios con un contraste fuerte y pintan puntos cada vez más pequeños.

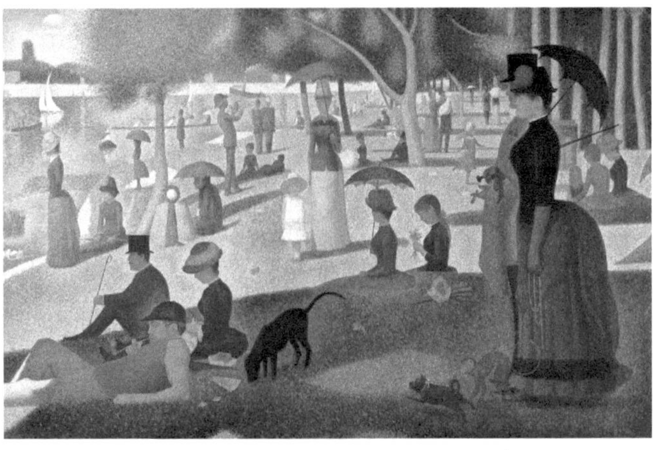

| Seurat, Georges, *Una tarde de domingo en la Grande Jatte*, 1884-1885, óleo sobre lienzo, 205 x 305 cm, Chicago, Instituto de Arte.

El resultado es una intensa vibración luminosa que gusta mucho a Camille Pissarro, que justamente busca en esta época una nueva forma de abordar la pintura. Pero en vez de desarrollar un auténtico estilo puntillista, pinta ayudándose de trazos con forma de comas cruzadas que separa para dar un efecto puntillista. Aunque el pintor abandona a continuación sus experimentos artísticos, lo cierto es que seguirá utilizando sus trazos en forma de comas cruzadas, pero en un estilo puramente impresionista.

LOS PAISAJES URBANOS

En 1883, en el *Boulevard Rochechouart*, Pissarro trata por primera vez el tema urbano representando una avenida parisina en plena efervescencia, con sus numerosos viandantes, sus coches de caballos y sus tiendas. No obstante, habrá que esperar unos diez años para que este tema aparezca en su obra de forma recurrente. En 1893, el artista representa París desde una ventana, ya que ya no es capaz de pintar al aire libre por culpa de un absceso en el ojo. A continuación, sistematiza este método y alquila apartamentos en función de las vistas que ofrecen del exterior en París, en Ruan, en Dieppe y en Le Havre. Así, todos sus paisajes urbanos, pintados en gran formato, presentan una vista desde arriba hacia la calle.

Pissarro se dedica esencialmente a representar la agitación de las ciudades o de los puertos: pinta a la muchedumbre, los mercados, a los obreros en el trabajo, las embarcaciones que zarpan, etc. La ciudad le permite abordar temas que, por lo general, son muy complejos. Así, sus amplios paisajes urbanos contrastan con las vistas de Monet, que representan la ciudad sin vida humana.

Pissarro crea varias series que se componen cada una de hasta 60 lienzos de un mismo lugar (Pont Neuf, Casa de la Moneda, Sena, Tullerías, Louvre, etc.). Cada obra representa un punto de vista y un momento particulares, ya que el pintor busca plasmar en sus lienzos las variaciones de luz y del tiempo observadas. Por ende, el movimiento es la clave de sus cuadros. En Ruan, donde se queda en tres ocasiones entre 1896 y 1898, evita siempre representar la parte delantera de la catedral en los aproximadamente cincuenta cuadros que lleva a cabo, un tema muy apreciado por su amigo Monet. En 1903, justo antes de su muerte, pinta una última serie en Le Havre.

OBRAS SELECCIONADAS

ENTRADA DEL PUEBLO DE VOISINS

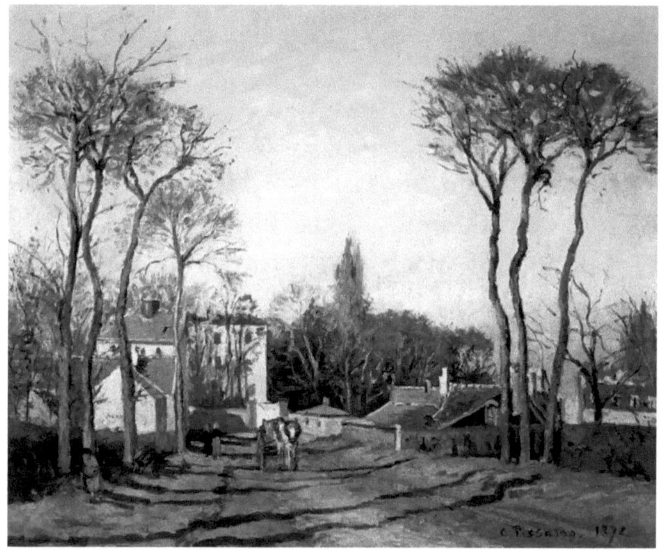

| *Entrada del pueblo de Voisins*, 1872, óleo sobre lienzo, 46 x 55,5 cm, París, Museo de Orsay.

Este lienzo muestra el pueblo de Voisins, situado en el municipio de Louveciennes. Camille Pissarro representa la entrada de la aldea, por donde pasan unos caminantes y un carro tirado por un caballo. Los árboles a los lados del sendero estructuran la composición y acentúan la perspectiva. Las sombras de sus troncos cortan el cuadro con líneas oblicuas y, de esta manera, rompen cualquier efecto de simetría. A lo lejos se encuentran las casas del pueblo; la carretera en primer plano del cuadro lleva al castillo de Voisins.

Esta obra, realizada en 1872, es característica de la producción de Pissarro durante su estancia en Louveciennes. Este último utiliza a la vez pequeños trazos de pintura típicamente impresionistas, en particular en el follaje de los árboles, y unas pastosidades más amplias para las casas, por ejemplo. Además, la luz, muy viva, desempeña un papel importante, ya que el juego entre las zonas de luz y las de sombra permite imprimir ritmo al paisaje.

Este tipo de tema, muy rural, ocupará una posición central en la obra del artista hasta finales de los años 1880. A lo largo de todo este periodo, Pissarro representa los paisajes y los pueblos que lo rodean, en los que incluye figuras humanas, al contrario que algunos de sus condiscípulos, que se centran exclusivamente en el decorado. Los personajes, que no están representados en una actitud relajada, se dedican a sus ocupaciones, algo que le permite dar más movimiento a sus composiciones y le añade un aspecto instantáneo, como si la escena se hubiese tomado en el momento, como si fuera una fotografía.

LA COSECHA, PONTOISE

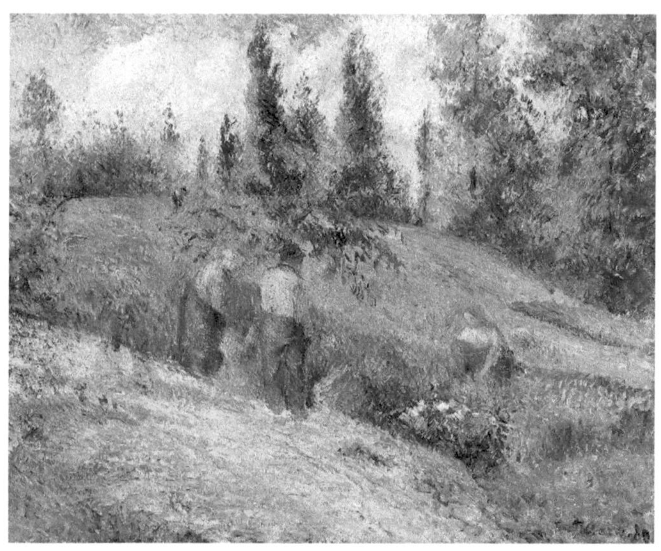

| *La cosecha, Pontoise*, 1880, óleo sobre lienzo, 46,3 x 56,5 cm, colección privada.

Esta escena, que también es profundamente

rural, muestra particularmente bien la evolución del estilo de Camille Pissarro durante los años 1870. A partir de este momento, el artista abandona por completo las grandes pastosidades en provecho de los pequeños trazos de pintura característicos del impresionismo. En efecto, si miramos con más detenimiento, observamos que todos los detalles de la pintura se reducen a pequeñas manchas de color. Además, estas tienen forma de arco: se trata de comas cruzadas típicas de Pissarro. El artista, que ya ha intentado diferentes experimentos artísticos que anuncian su periodo puntillista, no termina de separar todavía sus trazos de pintura, tal y como hará unos años más tarde.

Los colores —verdes, rojos y azules— también reflejan un estilo profundamente impresionista, al igual que el movimiento que se desprende del lienzo. Es fácil adivinar el viento que se enreda en las hojas de los árboles. Por su parte, los tonos rojos plasman el calor de la jornada de verano que se representa.

COSECHA DE MANZANAS

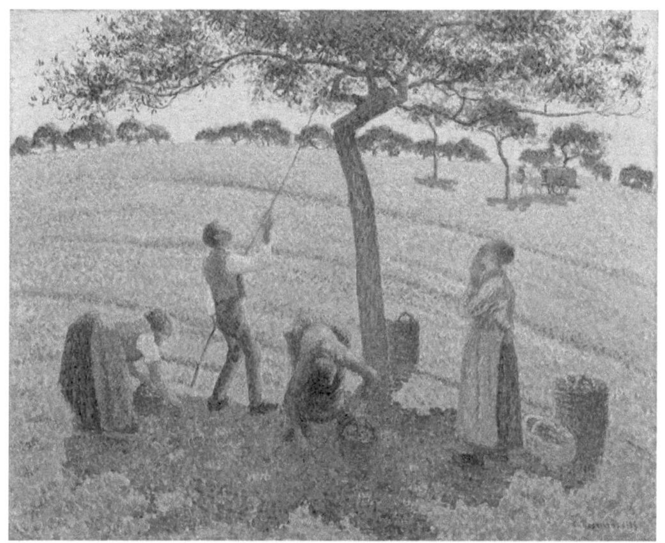

| *Cosecha de manzanas*, 1888, óleo sobre lienzo, 60,9 x 73,9 cm, Dallas, Museo de Arte de Dallas.

Esta obra de 1888, que muestra un tema que el artista aborda varias veces, está pintada en pleno periodo puntillista de Camille Pissarro. Sus pequeños trazos en forma de comas cruzadas se separan claramente entre sí para crear un paisaje vibrante bajo el calor de una tarde soleada. Las pinceladas son extremadamente finas, hasta el punto de que las manzanas del árbol se confunden con las hojas.

Para llevar a cabo este lienzo, se elaboraron varios dibujos preparatorios y bocetos al óleo en los que, sin embargo, no aparecen las figuras humanas. En estos esbozos, Camille Pissarro se obliga a aplicar unos pigmentos al lado de otros para probar los distintos efectos ópticos posibles.

Además de la atmósfera calurosa y luminosa que capta el pintor, este también plasma especialmente bien el movimiento gracias a los personajes que se afanan para recoger manzanas. Aunque la mujer del centro, que está inclinada sobre su cesto, parece más bien rígida —lo que ofrece un testimonio de la influencia de Seurat y de Signac—, el hecho de que cada figura esté en una posición determinada aporta un cierto dinamismo al conjunto de la composición.

BOULEVARD MONTMARTRE, PRIMAVERA

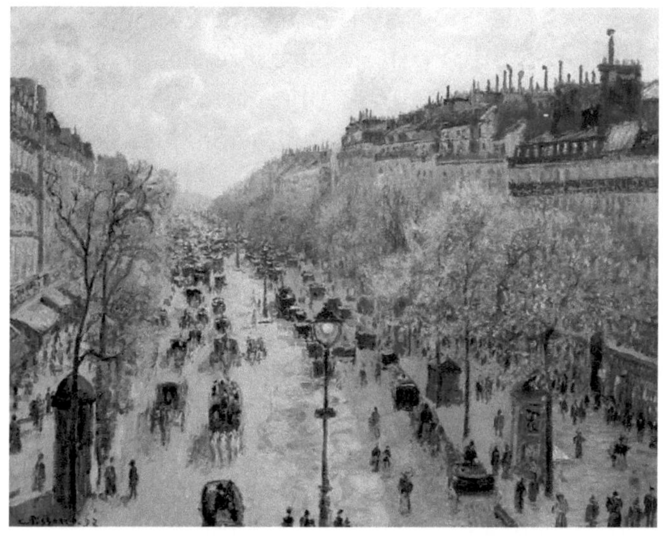

| *Boulevard Montmartre, primavera*, 1897, óleo sobre lienzo, 65 x 81 cm, Jerusalén, Museo de Israel.

Esta obra, que muestra toda la efervescencia de París a finales del siglo XIX, trata el tema extremadamente moderno de las transformaciones de las ciudades. Las grandes obras que lleva a cabo el barón Haussmann durante las décadas previas han visto aparecer amplias avenidas por las que transitan muchos coches de caballos y una multitud de gente cada vez más numerosa. A ambos lados de la calle se encuentran unas casas grandes típicas de esta época. Al igual que ocurre con otros paisajes urbanos del pintor, en *Boulevard Montmartre, primavera* destaca en particular el alboroto y la agitación de la ciudad.

El punto de vista que adopta el artista desvela su posición desde las alturas que, sin lugar a dudas se encuentra detrás de la ventana de un apartamento alquilado especialmente para la ocasión. Pissarro ha abandonado sus comas cruzadas para emplear simples manchas pequeñas. A pesar de que su vista se debilita, aquí nos muestra una composición extremadamente compleja en la que presenta el ir y venir de la muchedumbre y de los coches por la ciudad, con lo que destaca el movimiento. Además, no se le escapa ningún detalle: se representa cada persona, cada ventana de edificio, cada chimenea. Este alboroto termina por perderse a lo lejos, se extiende por el horizonte de la avenida.

EL ANTEPUERTO DE HAVRE POR LA MAÑANA

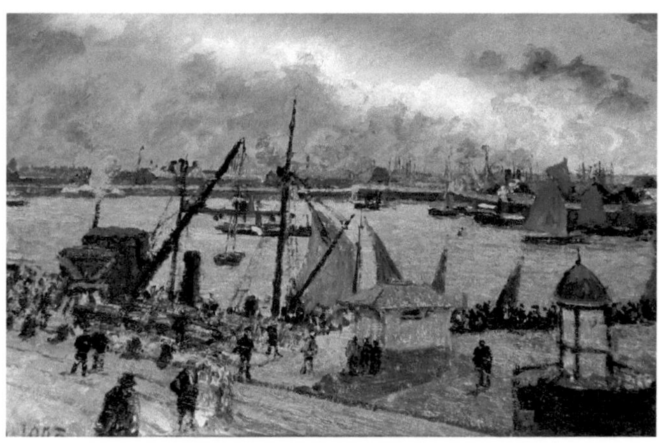

| *El antepuerto de Havre por la mañana*, 1903, óleo sobre lienzo, 54 x 65 cm, Le Havre, MuMa.

Este cuadro forma parte de la última serie de lienzos realizados por Camille Pissarro el año de su fallecimiento. El pintor representa el puerto de Le Havre, donde desembarca cuando llega de las Antillas cincuenta años antes. No obstante, el paisaje ha evolucionado mucho y Pissarro nos muestra un puerto en plena modernización: se ven cada vez menos veleros y más chimeneas que escupen humo, lo que nos ofrece un testimonio de la fuerte industrialización.

Tal y como acostumbra, Pissarro elige un lugar desde las alturas para dibujar la agitación portuaria casi en vivo. Los muelles son un hervidero de obreros y demás curiosos que forman multitudes dispersas. Más lejos, muchos barcos flotan en un agua que también vibra, que refleja a la perfección el sol escondido detrás de espesas nubes. Por su parte, las velas de los barcos se resumen a dos o tres pinceladas que se aplican rápidamente sobre el lienzo. Todavía más lejos, se adivina claramente la humareda que surge de las altas chimeneas de las fábricas. Más cerca, en el centro del cuadro, una grúa se afana en desplazar mercancías.

De nuevo, este tema moderno se representa con ayuda de pequeñas pinceladas de color. Aunque el impresionismo está en su recta final, esta técnica sigue siendo original para muchos contemporáneos del artista. Algunos trazos de color se aplican de forma tosca y, entonces, se adivinan los pelos del pincel, como ocurre por ejemplo en las velas de los barcos. Por otra parte, al cortar varios elementos con el enfoque, Pissarro adopta un punto de vista fotográfico y, sin duda, se inspira de Edgar Degas. Este último, que también es fotógrafo, lleva empleando este método varios años.

CAMILLE PISSARRO, UNA FUENTE DE INSPIRACIÓN

«Fue un padre para mí. Era un hombre al que consultar y algo así como el buen Dios» (CaixaForum 2013). Estas palabras de Paul Cézanne sobre Camille Pissarro nos ofrecen un buen resumen del lugar que este último ocupa en el mundo artístico de la época. Pissarro, el hermano mayor de los impresionistas, es una figura indispensable para todo el grupo, que escucha con mucho gusto sus consejos.

Pissarro, que observa los talentos y el potencial de Cézanne, lo inicia en la pintura al aire libre y le recomienda ciertas técnicas y ciertos temas. En 1874, impone la presencia de su protegido en la primera exposición de los impresionistas, una iniciativa que catapulta la carrera de Cézanne. También en esta época Pissarro conoce a Paul Gauguin, que entonces es agente de cambio y que compra algunas de sus obras. El pintor en seguida descubre el talento artístico del joven comprador y, al igual que Cézanne, Gauguin se instala en Pontoise junto al que será su profesor durante casi diez años. La educación artística que les proporciona Pissarro permite el surgimiento de dos figuras importantes de la historia del arte, Cézanne como pintor impresionista, Gauguin como artista postimpresionista. De hecho, hacia 1884, este último sigue a su maestro a Ruan, donde lleva a cabo varias decenas de cuadros, entre ellos *La calle Jouvenet en Rouen* (1884).

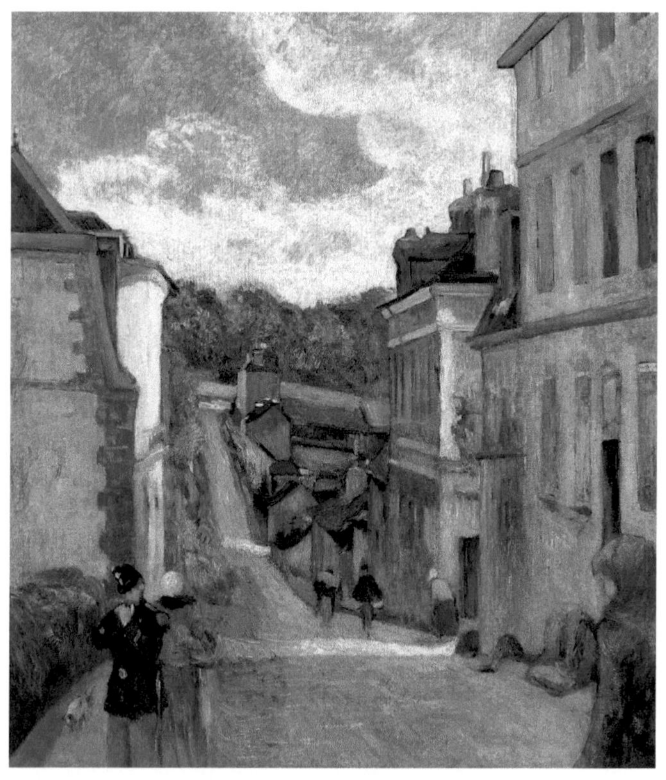

| Gauguin, Paul, *La calle Jouvenet en Rouen*, 1884, óleo sobre lienzo, 55 x 48,5 cm, colección privada.

Este lienzo nos muestra la innegable influencia de Pissarro, tanto en su estilo —el tratamiento de los colores en pequeñas pinceladas— como en su tema —una escena que presenta la calle y, sobre todo, a personajes en sus tareas cotidianas. Además, la técnica impresionista estará en la raíz de toda la producción de Gauguin.

Pissarro también es el mayor de una auténtica dinastía de artistas: tras él, varios de sus hijos, nietos y bisnietos inician una carrera artística. Cabe citar, sobre todo, a Lucien Pissarro (1863-1944), a Georges Manzana-Pissarro (1871-1961), a Paul Émile Pissarro (1884-1972) y a Frédéric Bonin-Pissarro (nacido en 1964). La mayoría de ellos sigue los pasos de su antecesor y se inscribe en la continuación del impresionismo o del neoimpresionismo.

Para acabar, podemos añadir también que Camille Pissarro deja una huella imborrable en la historia del arte como principal instigador y participante de las exposiciones impresionistas. Gracias a su perseverancia —pero también a la de sus compañeros—, crea una alternativa real al Salón y catapulta una corriente artística de vanguardia al núcleo del mercado del arte. Al mismo nivel que los otros impresionistas, influye a toda una serie de jóvenes artistas que, más adelante, iniciarán una profunda reflexión sobre la renovación en el arte, que derivará en los grandes movimientos de inicios del siglo XX (postimpresionismo, fauvismo, cubismo, etc.).

EN RESUMEN

- Camille Pissarro, nacido en 1830 en las Antillas, tiene doble nacionalidad francesa y danesa. En 1855, el joven artista se instala en Francia, donde se ve influido primero por Courbet y por Corot. Participa varias veces en el Salón durante los años 1860.

- A partir de 1866, frecuenta el grupo de Batignolles (Manet, Sisley, Renoir, Monet, etc.) y adopta la técnica impresionista, pintando al aire libre y fragmentando su trazo en pequeñas manchas de color superpuestas. Evoluciona brevemente hacia el puntillismo en los años 1880, cuando claramente separa entre sí sus puntos de color.

- Camille Pissarro se ve obligado a mudarse en varias ocasiones por problemas financieros. Sus lienzos representan los paisajes que se encuentran alrededor de sus distintos lugares de residencia: Pontoise, Louveciennes, Osny y, para acabar, Éragny. Sin embargo, durante los diez últimos años de su vida, también pinta paisajes urbanos desde una ventana de apartamento en París, Ruan, Dieppe y Le Havre.

- En 1874, Camille Pissarro organiza junto a otros la primera exposición impresionista, con lo que crea una alternativa al Salón. A pesar del fracaso de este acontecimiento, se celebran otras siete exposiciones hasta 1886. Pissarro participa en cada una de ellas.
- Aunque a partir de 1872 obtiene ingresos financieros gracias al comerciante de arte Paul Durand-Ruel, que le compra algunas obras, lo cierto es que su situación es inestable hasta los años 1880. No es hasta entonces cuando conoce un auténtico éxito. En 1892, Durand-Ruel le dedica una importante retrospectiva. A partir de esta fecha, sus lienzos se encuentran por toda Europa y se le dedican exposiciones en París y en Nueva York.

¡Tu opinión nos interesa!
¡Deja un comentario en la página web de tu
librería en línea,
y comparte tus favoritos en las redes sociales!

PARA IR MÁS ALLÁ

FUENTES BIBLIOGRÁFICAS

- Allard, Sébastien. 2009. *L'Art français. Le XIXe siècle*. París: Flammarion.

- CaixaForum. 2013. "Pissarro". *CaixaForum*. Consultado el 1 de septiembre de 2017. http://prensa.lacaixa.es/obrasocial/show_annex.html?id=33747

- Cheyne, José Alejandro. s. f. "Lecciones de Monet para emprendedores". *Finanzas personales*. Consultado el 1 de septiembre de 2017. http://www.finanzaspersonales.co/columnistas/articulo/lecciones-de-monet-para-emprendedores/65130

- Colectivo. 2013. *Pissarro dans les ports: Rouen, Dieppe, Le Havre*. París: RMN.

- Durand-Ruel Snollaerts, Claire. 2012. *Pissarro. Patriarche des impressionistes*. París: Gallimard.

- Fontein Drew, Landais. 1981. *Camille Pissarro. 1830-1903*, catálogo de exposición (Londres, Galería Hayward; París, Grand Palais; Boston, Museo de Bellas Artes). París: RMN.

- Martin-Fugier, Anne. 2012. *La Vie d'artiste au XIXe siècle*. París: Fayard.

- Pissarro, Joachim y Claire Durand-Ruel Snollaerts. 2005. *Pissarro: catalogue critique des peintures*, vol. 1, 2 y 3. París: Skira/Wildenstein Institue Publications.

- White, Harrison y Cynthia. 2009. *La Carrière des peintres au XIXe siècle*. París: Flammarion.

- Yon, Jean-Claude. 2010. *Histoire culturelle de la France au XIXe siècle*. París: Armand Colin.

FUENTES ICONOGRÁFICAS

- Courbet, Gustave, *Un entierro en Ornans*, 1849-1850, óleo sobre lienzo, 315 x 668 cm, París, Museo de Orsay. La imagen reproducida está libre de derechos.

- Gauguin, Paul, *La calle Jouvenet en Rouen*, 1884, óleo sobre lienzo, 55 x 48,5 cm, colección privada. La imagen reproducida está libre de derechos.

- Manet, Édouard, *Almuerzo sobre la hierba*, 1863, óleo sobre lienzo, 207 x 265 cm, Museo de Orsay. La imagen reproducida está libre de derechos.

- Monet, Claude, *Impresión, Sol naciente*, 1872-1873, óleo sobre lienzo, 48 x 63 cm, París, Museo Marmottan Monet. La imagen reproducida está libre de derechos.

- Pissarro, Camille, *Entrada del pueblo de Voisins*, 1872, óleo sobre lienzo, 46 x 55,5 cm, París, Museo de Orsay. La imagen reproducida está libre de derechos.

- Pissarro, Camille, *Cosecha de manzanas*, 1888, óleo sobre lienzo, 60,9 x 73,9 cm, Dallas, Museo de Arte de Dallas. La imagen reproducida está libre de derechos.

- Pissarro, Camille, *La cosecha, Pontoise*, 1880, óleo sobre lienzo, 46,3 x 56,5 cm, colección privada. La imagen reproducida está libre de derechos.

- Pissarro, Camille, *El antepuerto de Havre por la mañana*, 1903, óleo sobre lienzo, 54 x 65 cm, Le Havre, MuMa. La imagen reproducida está libre de derechos.

- Pissarro, Camille, *Boulevard Montmartre, primavera*, 1897, óleo sobre lienzo, 65 x 81 cm, Jerusalén, Museo de Israel. La imagen reproducida está libre de derechos.

- Seurat, Georges, *Una tarde de domingo en la Grande Jatte*, 1884-1885, óleo sobre lienzo, 205 x 305 cm, Chicago, Instituto de Arte. La imagen reproducida está libre de derechos.

ICONOGRAFÍA

- Pissarro, Camille. 1903. *Autorretrato*. 41 x 33 cm. Londres: Tate Britain.

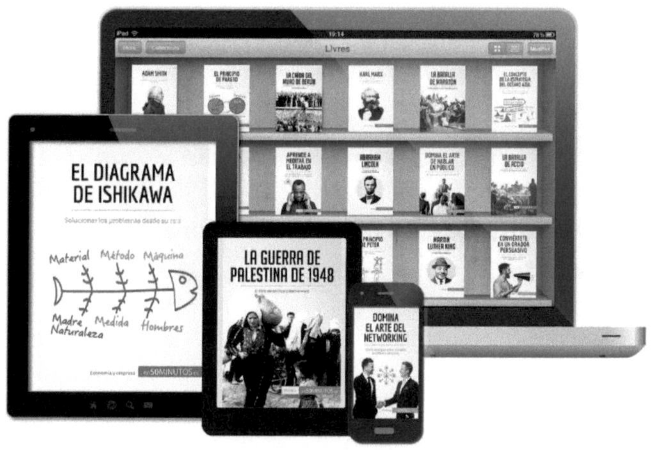